Thomas Künne wurde 1958 in Geislingen/Steige geboren. Er studierte Germanistik und Bildende Kunst mit Schwerpunkt Pädagogik, war Kunstpreisträger der Stadt Ludwigsburg und arbeitete bei amerikanischen Foto-Unternehmen. Außerdem Studium von Urprinzipien und Archetypen sowie Berater in Psychosomatischer Medizin. *www.schwingung-als-weg.de* oder *www.quelle-der-kraft.de*

Tom Breitenfeldt wurde 1958 in Flensburg geboren. Er studierte Kunst und Musik. Heute arbeitet er als Zeichner, Illustrator und Innenarchitekt. *www.tom-breitenfeldt.de*

ISBN 978-3-8303-4232-8

© 2011 Lappan Verlag GmbH
Würzburger Straße 14, 26121 Oldenburg
Lektorat: Constanze Breckoff
Gestaltung und Satz: Monika Swirski
Gesamtherstellung: LEGO S.p.A., Vicenza
Printed in Italy
www.lappan.de

Der Lappan Verlag ist ein Unternehmen
der Verlagsgruppe Ueberreuter, Wien.

Thomas Künne • Tom Breitenfeldt

Das Liebesorakel
Wassermann

Lappan

Inhalt

Vorspiel zum Vorspiel

Deprimierende Bücher zu Sternzeichen und deren Merkmalen gibt es genug auf dem Markt. Auch über mögliche Beziehungen untereinander: *„Wer mit wem und wenn ja, warum nicht?"*
Nicht selten verliert ein verunsicherter Leser am Ende sogar die Beziehung zu sich selbst.
Dieses Liebesorakel ist anders. Es ist witzig, frech, frivol und vor allem entwaffnend ehrlich. Da kannst du kichern, dir ein Loch in den Bauch schmunzeln oder auch lauthals grölen.
In der Liebe kann es dir wertvolle Dienste leisten. Es gilt: „Augen auf bei der Partnerwahl!"
Am besten, du lachst nicht *über* dein Date, sondern zusammen *mit* ihm. Humor verbindet, und Lachen ist sowieso die beste Medizin. Was willst du denn auf Dauer mit einem Partner, der zum Lachen in den Keller geht?
Im Zweifelsfall trägst du deinen Arzt zum Apotheker.

Die Baureihe Wassermann

Was hat sich die Evolution bloß dabei gedacht?

Wassermänner und Wasserfrauen sind genial. Oder chaotisch. Die meisten sind sogar beides gleichzeitig, mit Tendenz zum Chaos.

Wolfgang Amadeus Mozart war mit Sicherheit ein geniales Genie, und er war Wassermann. Wie auch Bertolt Brecht, der das antiquierte Theater aufmischte, oder der rebellische James Dean, den erst jener Baum stoppen konnte, um den sich sein Porsche wickelte. Auch sind überraschend viele Sprengmeister Wassermann-Geborene. Ihre letzten Worte lauten meist: „Was ist denn das hier für ein Draht?" Es ist nicht verwunderlich, dass

Wassermänner und -frauen die verkappten Erfinder des Tierkreises sind: Sie erfinden sich jeden Tag neu, dummerweise haben sie allzu oft den Bauplan verlegt.

In der Liebe sind sie ebenfalls voller Ideen und Pläne darüber, was man/frau machen könnte. Und wenn sie es wirklich tun, dann nur freiwillig, ohne jeglichen Zwang und Erwartungshaltung vom Partner.

Denn in jedem Wassermann-Geborenen steckt ein kleiner Freiheitskämpfer, der früher auf die Bastille und heute auf die Schrankwand klettert mit dem Schlachtruf: *„Freiheit, Gleichheit, Brüderlichkeit!"* Nicht selten klingt dies jedoch eher nach: *„Freizeit, Gleichgültigkeit, Liderlichkeit"!*

Jedenfalls kommt in einer Partnerschaft mit Wassermann oder -frau niemals Langeweile oder Eintönigkeit auf. Eher im Gegenteil: Ihr Repertoire verfügt über so viele Töne, dass beide in dieser Paarung aufpassen sollten, dass sie stets noch die *Grundtöne ihrer Beziehungsmelodie* heraushören.

Nur so kann es zum rauschenden Liebeskonzert werden. So verbinden sich sinnlicher Genuss und der Wunsch nach Vielfalt.

Bei obigem Musikgenie hört doch jeder sofort: „Das ist typisch Mozart!" Bis heute bleibt sein Gesamtwerk ein wundervolles Mysterium. Typisch Wassermann eben.

Das Wassermann-Weibchen
Kurz und bündig

Im Duett: In jeder Beziehung braucht das Wassermann-Weibchen persönliche Freiheit und Unabhängigkeit. Wenn schon Halsband oder Leine, dann aus Gummi oder mit kilometerlangem Ausgang. Selbst bei Wassermann-Rüden kann jeder dieses Phänomen beobachten: Erst kommt die Hündin um die Ecke und irgendwann das Herrchen! Diese Toleranz erweisen sie natürlich auch gegenüber dem Partner. Die ist so groß, dass sich dieser gelegentlich fragt, ob er überhaupt in einer Beziehung lebt. Außerdem muss er seine Liebste mit Freunden und Bekannten teilen können ...

Als Partner sollte man zudem nicht ständig auf schmachtende Liebeserklärungen warten, denn im oralen Marketing verschleudert das Wassermann-Weibchen keine unnötigen Energien. Dafür ist sie ein exzellenter Teamplayer, bringt sich gerne und kreativ ein, Voraussetzung: Man lässt sie freiwillig walten, schalten und gestalten.

Es wundert nicht wirklich, dass schon viele Wassermann-Weibchen auf dem Weg zum Standesamt in Ohnmacht gefallen sind. Oder ausgebüchst, wie wir es schmunzelnd oft im Kino erleben. Hier ist es live, echt und in Farbe.

Als Solistin: Das Single-Wassermann-Weibchen liebt das Verrückte: Bungee-Jumping, Wildwasser-Rafting oder Freeclimbing, gerne an knusprigen Männern, auch an verheirateten. Die dürfen ruhig angeberisch, verrückt und unverschämt sein. Genau genommen sollten sie das auch, denn nur so sind sie deckungsgleich.

Alltagstauglichkeit

Das Wassermann-Weibchen besitzt die wunderbare Gabe, den Himmel bereits zu Lebzeiten auf die Erde zu holen. Schon jedes Kind weiß,

dass der Himmel der Ort von Stürmen, Gewittern, Regen- und Ha-
gelfronten oder auch von lieblichen Sonnenuntergängen sein
kann.

Über eine ähnliche Bandbreite verfügt die Wassermann-Frau
im Alltag: Monotones Bügeln ist für sie der Supergau,
das verhagelt ihr den ganzen Tag. Dann schon lieber
im Kreativ-Workshop einen Regenbogen für den Frie-
den malen. Oder in den Zirkus gehen, um die Luft der großen, weiten und kreativen Welt zu schnuppern.

Für das Grobmotorische und Handwerkliche sucht sie sich lieber einen Partner. Der darf ruhig schmutzige Fingernägel und Öl in den Haaren haben. Hauptsache, er kann zur rechten Zeit ein Rohr verlegen oder das Richtige gegen einen Kurzen unternehmen.

Vorteile

„Politisch" betrachtet ist sie eine astreine Demokratin, die die Menschenrechte in der Partnerschaft und Familie achtet und respektiert, ja, sogar dafür kämpft. Sie hasst jegliche Art von Diktatur. Dazu gehört auch die wöchentliche Kehrwoche.

Nachteile

Auch wenn man ihr die geforderte Toleranz entgegenbringt, sieht sie sich oft als frustrierte Außenseiterin. Dabei bugsiert sie sich meist selbst dorthin, aus verkümmerter Frustrationstoleranz und hausgemachtem Chaos.

Das Wassermann-Männchen
Kurz und bündig

Im Duett: Das Wassermann-Männchen ist in jeder Beziehung neugierig, hilfsbereit und erfinderisch. Die Probleme des Partners macht er auch zu seinen eigenen, er analysiert und lässt Gedanken fliegen bis zum Horizont und darüber hinaus. Überhaupt führen bei ihm alle Wege, auch der zum Körper, über den Kopf. Folglich muss erst einmal sein Gehirn stimuliert werden, bevor dieses in die Hose rutscht. Dort sitzt es sowieso naturgemäß bei anderen Sternzeichen-Männchen. Das behaupten zumindest Teile der Frauenbewegung. Welche Teile dies sind, ist nicht bekannt.

Das Wassermann-Männchen ist eigentlich ein Befürworter der Frauenbewegung, solange diese rhythmisch verläuft.

Als Solist: Spätestens mit Beginn der Pubertät fragt sich das Wassermann-Männchen, was das mit der Liebe und dem Sex soll, wenn dies *alle* machen. Er fühlt sich lieber für das Höhere zuständig, für das Besondere und Außergewöhnliche.
Verliebt sich ein Weibchen in das Single-Wassermann-Männchen, dann muss es sich warm anziehen: Denn vor lauter Gemütlichkeit wird es oft frieren, statt heißer Liebe gibt es unterkühlte Distanz. Also: Polarforscherinnen aufgepasst! Sucht euch einen Wassermann ...

Alltagstauglichkeit

Das Wassermann-Männchen ist ebenfalls voller Teamgeist bei Arbeit, Sport und Spiel. Es trägt ständig neue Ideen in die Gemeinschaft, auch wenn diese in diesem Augenblick scheinbar kein Mensch braucht. Ab und zu merken seine Zeitgenossen erst, *wie* genial seine Visionen wirklich sind, wenn er dafür einen Nobelpreis erhält.

Ausdauer, Disziplin und Durchhalten gehören nicht zu seinen Stärken, der normale Alltag ist für ihn nicht nur normal, sondern banal. Geht er mal zum Reparieren der Heizung in den Keller, erfindet er rein zufällig eine atomare Wärmepumpe. Oder er geht Zigaretten holen und kommt erst nach sieben Jahren zurück.

Vorteile

Monotonie und Langeweile gibt es in einer Paarung mit dem Wassermann-Männchen nicht, denn die Beziehung wird jeden Tag neu erfunden. Dies ist wunderbar für alle, die für sich erkannt haben: „Das Leben ist Veränderung, Stillstand ist der Tod!"

Nachteile

Wie lauten die drei Lügen eines unerlösten Wassermann-Männchens?
„Ich rufe dich an!"
„Wir sehen uns bald wieder!"
„Die Kohle ist unterwegs an dich ..."

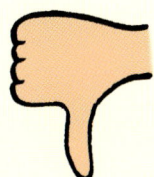

Vermehrungsuhr für den Wassermann

Wassermann-Geborene verfügen über vielfältige sexuelle Erfahrungen, zumindest in ihren Vorstellungen oder im „Do-it-yourself"-Bereich. Sie verhüten gerne nach dem Mond – Ausnahme: Dieser ist von Wolken verdeckt.

Oder passend zur Jahreszeit: Feucht, trocken, antizyklisch, stimmungsabhängig oder gar nicht.

So verwundert es auch nicht, dass Verhütung und Vermehrung oft den Stellenwert einer Lotterie oder eines Befruchtungs-Roulettes einnehmen.

Den Spermien ist es letztendlich egal, ob sie aufgrund von mathematischer Vorplanung oder infolge eines „Verkehrsunfalles" abgeschossen werden.

Freie Liebe für
freie Bürger

Der Mensch denkt,
der Trieb lenkt

Ist fruchtbar und
mehret sich,
auch ohne
bibelfest zu sein

Wenn's
passiert, dann
passiert's

Kinder bringen
Leben in die Bude,
je mehr, desto
mehr Leben

Nicht der Körper,
sondern der Kopf
entscheidet

Sex und Nachwuchs
erst nach intensiver
und vernünftiger
Planung

Nachwuchs? „Nein
danke!" Dann lieber
kein Sex

„Lass uns nichts über-
stürzen, morgen ist
auch noch ein Tag!"

Die Vermehrungsuhr hat ganz bewusst keine Zahlen, sondern sie gibt an, was dem
Wassermann bei der Fortpflanzung wichtig ist und wie er darüber denkt.

Konfliktkompass
für den Wassermann

Wassermann-Geborene haben mit sich selbst genug Konflikte, da brauchen sie diese nicht auch noch in der Außenwelt. Wenn der Partner merkt, dass sich die Raumtemperatur trotz Hochsommer merklich abkühlt, dann kann er sicher sein: Seine Wassermann-Beziehungshälfte macht auf *mega-cool!*

Statt hitzig zu diskutieren oder heiße Argumente auszutauschen, geht er lieber auf unterkühlte Distanz und zieht sich in seinen angeborenen Kühlschrank zurück.

Oder er ist plötzlich weg, irgendwo und ohne sich abzumelden.

Irgendwann kommt er zurück, als ob nie etwas gewesen wäre.

Oder er kommt nicht zurück, dann ist er fort.

Frisst Frust und
Aggressionen lieber
in sich hinein, bis
er aussieht wie
das Michelin-
Männchen

Zieht bei Konflikten
den Schwanz ein

Kämpft verbissen
für seine Ziele.

Versteckt sich lieber
und kämpft im emo-
tionalen Untergrund

Weiß, was er
will und erst
recht, was er
nicht will

Ist unberechenbar
wie eine tickende
und zickende
Zeitbombe

Ist offen,
direkt und
berechenbar

Geht Konflikten
lieber aus
dem Weg

Kämpft wie
ein Löwe für
seine Ziele

Diskutiert lieber
ständig rum, statt
zu handeln oder
etwas zu ändern

Die rote Spitze der Kompassnadel zeigt an, wie der Wassermann Konflikte angeht
oder ihnen aus dem Weg geht. Die Angabe ist eine Grundtendenz – natürlich kann sie
sich auch leicht hin- und herbewegen, je nachdem, welcher Weg eingeschlagen wird.

Seitensprungkalkulator für den Wassermann

Im Bett wie auch im wirklichen Leben fehlt es Wassermann-Geborenen manchmal an der letzten Entschlossenheit. Fantasie und Vision *ja*, aber Umsetzung?

Oft genug kommt es in solchen Momenten zur Neuauflage des Hollywood-Klassikers *„Das Schweigen der Lenden"* oder *„Wir lagen vor Boullion und hatten keine Löffel"*, der eher in den Programmkinos gezeigt wird.

Der Lebensweg von Wassermann-Geborenen läuft niemals geradlinig. Vielmehr schlagen sie immer wieder einen Haken wie Hasen. Das heißt jedoch nicht unbedingt, dass sie (Fremd-)Rammeln wie die Karnickel. Aber es kann durchaus passieren, denn: *„Der Kopf ist willig, das Fleisch ist wach."*

Damit kannst du „rechnen“:

- 🔴 Seitensprung? Nein, niemals. Ich weiß gar nicht, wie das geht.
- 🟡 Nur, wenn das Halsband in der Partnerschaft auf Dauer zu eng wird.
- 🟢 „Vidi – veni – verdufti“ – „ich sah, kam und war ruckizucki wieder weg“.
- 🔵 Das Betthupferl-Syndrom: Beglückt werden alle, die bei „drei“ nicht auf den Bäumen sind.

Die Anzahl der Kugeln entspricht wie beim Lotto einer möglichen Trefferquote: *Wenig Kugeln, gut für deine Beziehung. Viele Kugeln: Die Lotterie ist eröffnet!*

Kuschelbarometer für den Wassermann

Für viele Wassermann-Geborene ist körperliche Nähe so überflüssig wie Herpes oder Fußpilz. Da fühlen sie sich so eingeengt wie im Schwitzkasten: Händchenhalten vielleicht ja, aber Arm in Arm grenzt schon dicht an Untersuchungshaft.

Sie brauchen ihre Freiheit, ein eigenes Schlafzimmer und stets eine offene Tür als Fluchtmöglichkeit.

Das klingt im ersten Moment nicht nach großer Kuschelleidenschaft. Und doch kann es wahre Liebe sein.

Wahre Kunstliebhaber berühren ja auch nicht die edlen Gemälde mit ihren Schweißfingern. Das machen nur Grobmotoriker und Banausen, die die hohe Kunst nicht zu schätzen wissen.

VERÄNDERLICH
Schweigt lieber über seine
wahren Gefühle und Liebe,
anstatt diese selbst zu prak-
tizieren, live und in Farbe

FEUCHT BIS NASS
Körperkontakt
ausschließlich
zum Austausch
von Körper-
flüssigkeiten

**HARMONISCH BIS
KUSCHELIG**
Du hast gewonnen:
Dein Partner
mutiert allmählich
zum Kuschler
des Monats
und hat tierisch
Spaß dabei

**STÜRMISCH
BIS VEHEMENT**
Kuscheln „Nein
danke!" Wenn ich ein
Lebewesen streicheln will,
gehe ich in den Kuschelzoo

**AUSDAUERND
BIS GENÜGSAM**
Streicheln und Kuscheln
bis zum Abwinken oder bis
der Arzt kommt

Das Kuschelbarometer zeigt die überwiegende Kuschelstimmung des Wassermanns
an. Schwankungen gibt es wie bei jedem Barometer ...

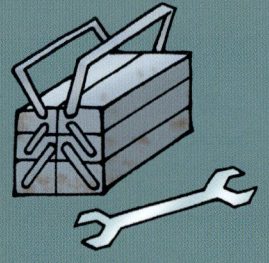

Libidobeschleuniger für

Wassermann-Weibchen

potente Heimwerker

sexuelle Unverbindlichkeit

Pferde-Schwanz

demokratischer Beischlaf

braungebrannte Strichjungen

behaarte Brust

Glatzköpfe mit Locken

stramme Waden

coole Anmache

zuckende Gliedmaße

69

Wassermann-Männchen

Do-it-yourself-Geräte

unverbindlicher Sex

Pferdeschwanz

beischlafende Demokratin

durchgebrannte Sicherungen

enthaarte Brüste

rothaarige Blondinen

beleuchtete Krampfadern

Sex im Kühlschrank

rhythmische Gymnastik

90-60-90

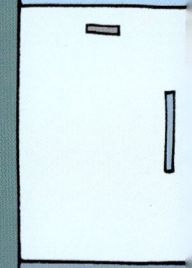

Brunftrituale & Paarungs-verhalten

Was sich liebt, das deckt sich

Schauen wir ins Paarungsverhalten der Tiere, dann geht es dort
mit Recht *tierisch* zu. Übertragen
wir diese Sichtweise auf Men-
schen, dann werden
wir das Gefühl nicht
los, dass wir auch
hier manchmal das
Verhalten von Nas-
hörnern, Hängebauch-
schweinen oder Giraffen
studieren können. Oder
von flinken Kolibris und emsigen
Wespen, die in flagranti ihren „Rüs-
sel" reinhängen, bestäuben und verduf-

27

ten. Und hiermit sind wir beim Paarungsverhalten der Wassermänner angelangt.

Örtlichkeit

Schnell und unverbindlich darf es schon sein: in der Autowaschanla-
ge, am Drive-in-Schalter, in der Besenkammer, auf dem Fotokopierer
oder im Vorübergehen. Immer wieder gerne genommen wird auch
die Hollywood-Schaukel oder in der Not auch das Klappbett.

Vorspiel

„Warum eigentlich nicht?", sagt sich der Wassermann, „solange es
ohne unnötige Berührungen ist!" Da tun es auch ein hurtig einge-
legtes Lotterfilmchen oder gegenseitige verbale Fantasien mit der
Tendenz zum Oralen.

Liebesreigen

Gelegentlich sind auch Wassermänner Genießer: Der Liebesreigen
verkommt dann nicht zum sexuellen Fastfood am Autoschalter, da
wird geschlemmt mit Haut und Haaren, mit Zunge und Zange, wenn

es Hummer im Bett gibt. Dann gehört auch Champagner bis zum Abwinken dazu.

Höhepunkt

Während bei vielen anderen Sternzeichen die Liebe durch den Magen gehen muss, ist es bei Wassermann-Geborenen der Kopf. Freizügige Fantasien bilden dabei eine bewährte Nahrung für das Gehirn, manche Exemplare sind auch schon durch Kreuzworträtsel oder Sudoku im Bett bis zum Platzen erregt. Wassermann-Geborene entladen sich so schnell und heftig wie ein Blitz aus heiterem Himmel. Hier eine Zuckung, dort vielleicht eine Zerrung, kurz geschüttelt oder gerührt, ein Kaugummi danach, und der Kopf ist wieder frei für wahre Kreativität.

Was hört man von einem Wassermann im Augenblick des Höhepunktes?

In der Besenkammer der Hochschule: *„Kleinhirn an Großhirn: Wir kommen gleich!"*
Hinter der Ladentheke des Elektrofachhandels: *„Mir brennt gleich eine Sicherung durch!"*
Überall und allerorts: *„Wie heißt du eigentlich?"*

Gleiches und Gleiches gesellt sich gerne
Feurige Paarungen

Die Sternzeichen **Widder, Löwe** und **Schütze** sind wie der Wassermann selbst männlich-aktiv. Sie verkörpern das Element Feuer, welches seinerseits symbolisch für *Tatkraft, Aufbruch* oder auch die *Geburt neuen Lebens* steht. Ein Blick in die Natur zeigt auch hier erste Hinweise im Verständnis der **Luft–Feuer-Paarungen:**

- *Erst die Symbiose mit Luft bringt das Feuer zum Brennen.*

- *Feuer ohne Zufuhr von Luft erstickt kläglich und kokelt unspektakulär vor sich hin.*

- *Loderndes, offenes Feuer verbrennt massenhaft Luft, bis diese aufgebraucht ist.*

- *Das Feuer braucht die Luft, aber die Luft nicht das Feuer.*

Wassermann & Widder

Hier trifft der Kämpfer Mars (Widder) auf den Träumer und Erfinder (Wassermann). Das klingt gut und entlädt sich körperlich in einer freizügig gelebten Sexualität, die zum Spiel ohne Grenzen werden kann. Beide führen sich gerne in Versuchung und schrecken auch vor ordinären Verhaltensweisen nicht zurück. Stillstand ist ein Fremdwort, der Alltag die Bewährungsprobe.

Chancen und Risiken: Für beide Seiten eine lohnenswerte Paarung, die pfiffige Ideen sofort in die Tat umsetzt. Der Widder regiert gerne in dieser Konstellation, öde und grob fahrlässig wird es, wenn er Besitzansprüche anmeldet oder schlimmstenfalls einklagt. Dann ist der Wassermann weg, geflüchtet bei Nacht und Nebel. Das muss er tun, will er sich selbst nicht aufgeben.

Chancen

| | 1 | 2 | 3 | 4 | 5 | 6 | 7 | 8 | 9 | 10 |

Risiken

| | 1 | 2 | 3 | 4 | 5 | 6 | 7 | 8 | 9 | 10 |

Wassermann & Löwe

Eine feurig-elektrisierende Verbindung mit ständiger Kurzschluss-Gefahr: Der Löwe hat Biss und macht Beute, der Wassermann liefert die Ideen für neue Jagdgründe. Das klingt verheißungsvoll, solange sich beide nicht ins Gehege kommen.

Dann verduftet nämlich der Wassermann. Oder der Löwe zieht mit Gebrüll weiter …

Chancen und Risiken: Diese Paarung ist eine Herausforderung für beide Seiten. Auch wenn der Sex lecker und leidenschaftlich ist, zeigt der Alltag, ob es bloß beim flüchtigen Abenteuer bleibt. In den meisten Fällen ist das so, Ausnahmen bestätigen sich in der Regel.

Chancen

| 1 | 2 | 3 | 4 | 5 | 6 | 7 | 8 | 9 | 10 |

Risiken

| 1 | 2 | 3 | 4 | 5 | 6 | 7 | 8 | 9 | 10 |

Wassermann & Schütze

Willkommen im Club der Freidenker und Freiheitskämpfer. Diese Paarung verkörpert eine elektrisierende Verbindung mit ständiger Kurzschluss-Gefahr: Beide können am unorthodoxen und bisweilen chaotischen Lebenswandel des Partners reifen oder verzweifeln. Oder frustriert weiterziehen ...

Chancen und Risiken: *„Freiheit braucht Ordnung"* – auch wenn das im ersten Moment langweilig oder uncool klingt, so ist es doch eine Grundvoraussetzung für ein geregeltes Leben und eine reife Beziehung. Sonst regiert Anarchie und Chaos.

Chancen

1	2	3	4	5	6	7	8	9	10

Risiken

1	2	3	4	5	6	7	8	9	10

33

Gleiches und Gleiches gesellt sich gerne
Luftige Paarungen

Zwillinge**, **Waage und ***Wassermann*** sind sogenannte (aktiv-männliche) Luftzeichen. *Wassermann–Zwilling, Wassermann–Waage* und *Wassermann–Wassermann* sind somit Paarungen, in denen **Luft auf Luft** trifft. Beobachten wir dieses Phänomen in freier Wildbahn, so können wir feststellen:

- *Luft ist leicht, beweglich und ohne festen Bezugspunkt orientierungslos.*

- *Luft kann gut ohne die Elemente Erde, Wasser oder Feuer existieren.*

- *Luft und Luft haben Potenzial zu Neutralität, Durchlässigkeit und Klarheit.*

- *Unbeherrschte Luftmassen können großen Schaden anrichten.*

Wassermann & Zwillinge

Diese Paarung entsteht oft aus heiterem Himmel: Amor lässt seinen Pfeil fliegen, und die beiden werden magisch voneinander angezogen. Die Liebe verläuft erfinderisch und abenteuerlich, ihr Merkmal ist die Unberechenbarkeit. Langweilig wird es nie, Konflikte verlaufen turbulent und heftig, die Versöhnungsszenen lassen jeden Disput schnell vergessen.

Chancen und Risiken: Zu einem Problem könnte die gegenseitige Abhängigkeit werden. Dies kann geschehen, wenn sich beide zu sehr abkapseln oder weltfremden Illusionen nachjagen. Diese Beziehung ist auf jeden Fall anregend und lohnend. Sie kann lange halten, da sie sich jeden Tag neu erfindet.

Chancen

| 1 | 2 | 3 | 4 | 5 | 6 | 7 | 8 | 9 | 10 |

Risiken

| 1 | 2 | 3 | 4 | 5 | 6 | 7 | 8 | 9 | 10 |

Wassermann & Waage

In dieser Paarung trifft Typ Daniel(a) Düsentrieb (Wassermann) auf Typ Claudia (Claudius) Cardinale (Waage), also Erfinder(in) auf (weibliche oder männliche) Diva. In Zeitschriften wie „Frau ohne Hirn" sehen wir immer wieder Skandalfotos solcher schrägen Konstellationen. Sie sehen so lange glücklich aus, bis sie sich einen noch skurrileren Typen eingefädelt haben. That's show business and there is no business like show business, jawoll!

Chancen und Risiken: Beide lieben öffentliche Auftritte, je mehr Publicity, desto besser. Wenn es die beiden schaffen, sich neben der oberflächlichen Leichtigkeit tief zu verwurzeln, dann können sie gemeinsam wachsen, ohne den Boden unter ihren Füßen zu verlieren.

Chancen

1	2	3	4	5	6	7	8	9	10

Risiken

1	2	3	4	5	6	7	8	9	10

Wassermann & Wassermann

Das kann ja heiter werden! Hier treffen zwei der freiheitsliebendsten Sternzeichen des Tierkreises aufeinander und ineinander. Das ist eine Bindung ohne Bindung. Eine Zeit lang geht hier die Post ab, und der Briefträger klingelt gleich zweimal. Auf Dauer klappt Skifahren ohne Bindung aber nicht, und man fällt auf die Schnauze.

Chancen und Risiken: Glaubt man der Chaostheorie, dann erwächst aus dem wilden Durcheinander irgendwann geordnete Materie. Erwähnen sollte man auch noch, dass dies Millionen von Jahren dauern kann.

Chancen

| 1 | 2 | 3 | 4 | 5 | 6 | 7 | 8 | 9 | 10 |

Risiken

| 1 | 2 | 3 | 4 | 5 | 6 | 7 | 8 | 9 | 10 |

37

Gegensätze ziehen sich an und aus
Erdige Paarungen

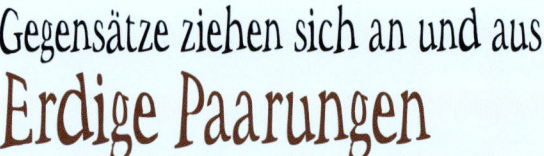

Die Erde sorgt für Verwurzelung und Bodenständigkeit, die Luft steht unter anderem für unsere Möglichkeit, nach oben zu wachsen, dem Himmel entgegen. So wie es auch die Pflanzen und vor allem Bäume tun, die es in den freien Raum hinauszieht, den es zu entdecken gilt. Gesundes Wachstum ist nach unten verwurzelt und bewegt sich nach oben mutig und frei in die Luft hinein, eigentlich eine nützliche Symbiose aus den Elementen **Erde und Luft.** Ein Blick in die Natur kann uns weitere Hinweise liefern.

- *Verwurzelung in Mutter Erde und Wachstum in Vater Himmel können Yin und Yang zusammenbringen.*

- *Zu viel Verwurzelung macht unbeweglich, zu wenig gefährdet einen festen Standpunkt und die Bodenhaftung.*

- *Ohne Luft würden wir ersticken, und das Wachstum wäre augenblicklich zu Ende.*

- *Erdanziehung und Luft begleiten uns vom ersten bis zum letzten Atemzug, sie sind Elixiere unseres Lebens.*

Wassermann & Stier

Das wird spannend: Der Wassermann möchte lieber auf der geistigen Ebene verkehren, der Stier auf der körperlichen!

Das führt eher in die gegenseitige Hemmung statt Entfaltung der eigenen Persönlichkeit. Wer gerne Jägerschnitzel mit Pommes (Stier) an exotischen und ausgefallenen Plätzen (Wassermann) isst, dem schmeckt diese Beziehung. Die anderen bekommen Magenschmerzen oder Durchfall.

Chancen und Risiken: Man kann das eigene Profil auch dadurch schärfen, indem man klar herausfindet, was man im Leben nicht braucht oder nicht will. Für diese Erfahrung ist diese Paarung hervorragend geeignet.

Chancen

1	2	3	4	5	6	7	8	9	10

Risiken

1	2	3	4	5	6	7	8	9	10

Wassermann & Jungfrau

Die Jungfrau träumt oft von Freiheit und dem Duft der großen weiten Welt. Wenn ihr beides in Form des Wassermanns begegnet, greift sie zu oder macht sich vor Angst in die Hose. Oder sie schlägt irgendwann die Hände über dem Kopf zusammen, weil sie sich die Freiheit nicht so chaotisch vorgestellt hätte.

Chancen und Risiken: Eigentlich könnte diese Paarung klappen: Die Jungfrau sorgt für die Verwurzelung, der Wassermann für das Wachstum nach oben.

Aber Beziehungen werden bekanntlich nicht am Reißbrett gemacht, bestenfalls in China im Reisbett.

Chancen

1	2	3	4	5	6	7	8	9	10

Risiken

1	2	3	4	5	6	7	8	9	10

Wassermann & Steinbock

Diese Paarung gibt es in der freien Natur und freiwillig sehr selten. Vielleicht lernen sich beide aber auch im Gefängnis kennen (und lieben: Die Auswahl ist ja nicht groß). Oder sie werden verkuppelt und geköpft, wenn sie nicht zusammenbleiben.

Chancen und Risiken: Man soll im Leben niemals *nie* sagen. Und wahre Liebe überwindet auch die Gegensätze von sturer Anpassung (Steinbock) und chaotischem Freiheitsdrang (Wassermann). Oder gibt es das nur im Märchen?

Chancen

| 1 | 2 | 3 | 4 | 5 | 6 | 7 | 8 | 9 | 10 |

Risiken

| 1 | 2 | 3 | 4 | 5 | 6 | 7 | 8 | 9 | 10 |

Gegensätze ziehen sich an und aus
Wässrige Paarungen

Krebs, Skorpion und **Fische** sind sogenannte (passiv-weibliche) Wasserzeichen. Stürmische **Luft** kann ruhiges **Wasser** ganz schön in Rage bringen. An der Oberfläche brechen sich die Wellen gefährlich um die Wette, unkontrolliertes Wüten dieser beiden Elemente kann lebensgefährlich sein. Schauen wir einmal genauer hin:

- *Stille Wasser schauen friedlich aus und können doch Gefahren in sich bergen.*

- *Alles Leben auf Mutter Erde kommt ursprünglich aus dem Wasser.*

- *Luft und Wasser brauchen sich nicht wirklich gegenseitig.*

- *Was kann schöner sein als ein schmeichelhafter Luftzug am Meer oder am heimischen Baggersee?*

Wassermann  & Krebs

Wassermänner sind eher Einzelgänger, Krebse sehnen sich nach Zweisamkeit an Heim und Herd. Dem schwächeren und empfindsameren Krebs drohen seelische Blessuren, auch wenn es der Partner nicht böse meint. Diese Paarung mag sich im Schlafzimmer eine Zeit lang gut verstehen, der Härtetest ist das Wohnzimmer.

Chancen und Risiken: Diese Paarung ist zugleich erschöpfend und anregend. Das fühlt sich an wie Gas geben und Bremsen gleichzeitig, irgendwann stockt der Motor, oder Kupplung und Bremsen gehen in Konkurs.

Chancen

| 1 | 2 | 3 | 4 | 5 | 6 | 7 | 8 | 9 | 10 |

Risiken

| 1 | 2 | 3 | 4 | 5 | 6 | 7 | 8 | 9 | 10 |

Wassermann & Skorpion

Einzelgänger sind beide, aber diese Gemeinsamkeit reicht noch nicht für eine dauerhafte Beziehung. Der Wassermann braucht und liebt seine Freiheit, der Skorpion möchte beherrschen und besitzen, was ihm in dieser Paarung nicht gelingen wird. Wir wissen: „Der Weg ist das Ziel" – in diesem Fall oft aus heiterem Himmel der *getrennte* Weg.

Chancen und Risiken: Tag und Nacht sind ebenfalls total unterschiedlich, und doch sind sie ein Paar für alle Ewigkeit.

Erst, wenn beide ihre Andersartigkeit akzeptieren, schätzen und in seltenen Fällen sogar lieben, kommt strahlendes Licht ins Dunkel dieser Beziehung.

Chancen

| | 1 | 2 | 3 | 4 | 5 | 6 | 7 | 8 | 9 | 10 |

Risiken

| | 1 | 2 | 3 | 4 | 5 | 6 | 7 | 8 | 9 | 10 |

Wassermann & Fische

Die beiden verstehen sich irgendwie, auch jenseits des gesprochenen Wortes. Sie spüren, dass sie anders sind als die anderen.
Das verbindet, obwohl es noch keine Garantieerklärung ist für eine Beziehung, die länger als einen Kaffee dauert. Oder sie deuten sich gegenseitig ihren Kaffeesatz. Und das kann sehr lange dauern ...

Chancen und Risiken: Das ist eine unkonventionelle Paarung zweier Individualisten, die erst mal sich selber finden müssen, bevor sie einen dauerhaften Partner ertragen können. Es klappt nur, wenn beide voneinander lernen und miteinander reifen.

Chancen

1	2	3	4	5	6	7	8	9	10

Risiken

1	2	3	4	5	6	7	8	9	10

Nachspiel

Du meinst, dieses Liebesorakel ist vom Autor frei erfunden? Du findest die Beschreibung des Wassermanns weit übertrieben?
Einspruch, Euer Ehren! Fragen wir den Wassermann selbst, wird er alles abstreiten. Fragen wir jedoch seine(n) Partner(in), so werden wir hören: „Ja, ganz genau, so ist mein Wassermann!"
Diese Diskrepanz zwischen Eigen- und Fremdwahrnehmung erleben wir tagtäglich. Direkt darauf angesprochen, geht kaum einer in das amerikanische Spezialitätenrestaurant mit dem großen gelben „M", keiner hört am liebsten Volksmusik, und nur ganz wenige lesen die Tageszeitung mit den großen Buchstaben.
Dabei ist es doch so: „In der Blöße liegt die Größe!", im gemeinsamen Lachen miteinander und nicht im Bewerten, Verurteilen oder Abkanzeln hinter vorgehaltener Hand.
„Sind wir nicht alle ein bisschen Wassermann?", der eine mehr, der andere weniger. Manche versuchen dies ein Leben lang zu unterdrücken oder zu verheimlichen. Doch wozu? Dieses Liebesorakel möchte dir Mut und Lebensfreude schenken, frei nach dem Motto:
„Lieber entspannt im Hier und Jetzt als verkrampft im Wenn und Aber!"